Vorwort

Kleine lustige Häkelfiguren schnell erstellt. Besonders jetzt in der kalten Jahreszeit wird wieder viel gehäkelt. Hierbei sind der Fantasie keine Grenzen gesetzt. Als kleines Mitbringsel freuen sich darüber jung und alt. Die Figuren werden zumeist mit Festen Maschen gehäkelt und in Runden. Dieses sollte man für die Erstellung der Figuren beherrschen. Alle Amigurumi Tierchen sind aber sehr leicht nachzuhäkeln, das Buch ist auch für Anfänger geeignet.
Ich wünsche Ihnen viel Freude damit.

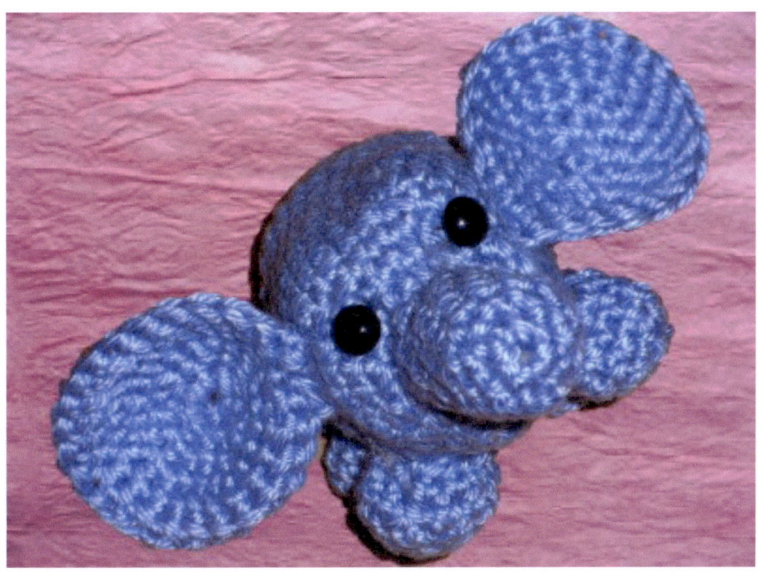

Inhaltsangabe

Der Rüsselfant

Folgende Materialien werden benötigt:

- Wolle, am Besten Baumwolle
- Häkelnadel in der passenden Stärke, ich bevorzuge
  Garn und Häkelnadel in der Stärke 2
- Füllwatte
- Nähgarn
- Nähnadel
- Knöpfe oder Augen
- Schere
- Etwas Stoff für die Ohren

Wir beginnen mit dem Körper:

Jeder Stichpunkt beinhaltet eine neue Runde.

- Bilden Sie einen Fadenring (oder häkeln Sie zwei Luftmaschen und stechen in die zweite Masche ein)
- Häkeln Sie 6 Feste Maschen im Ring
- Nun verdoppeln Sie jede Masche, so dass sich jetzt 12 Maschen im Ring befinden
- Jetzt müssen Sie jede 2. Masche verdoppeln. Es befinden sich jetzt 18 Maschen im Ring.
- Bitte verdoppeln Sie jede 3. Masche. Sie haben nun 24 Maschen.
- Jetzt jede 4. Masche verdoppeln. Es sind nun 30 Maschen vorhanden.
- 2 Reihen Feste Maschen (30)
- Nun verdoppeln wir jede 5. Masche (36)
- Nun jede 6. Masche verdoppeln (42)
- Vier Reihen Feste Maschen.
- Nun jede 5. und 6. Masche zusammenhäkeln (36)
- Jede 4. und 5. Masche zusammenhäkeln (30)
- Jetzt häkeln wir jede 3. und 4. Masche zusammen (24)
- . Jede 2. und 3. Masche wird zusammengehäkelt (18)
- Den Körper nun schon mal mit Watte ausfüllen.

- Jede 1. und 2. Masche zusammenhäkeln (12)
- Nun jede Masche zusammenhäkeln (6)
- Abketten und zunähen

Arme und Beine (4 x)

- Bilden Sie einen Fadenring (oder häkeln Sie zwei Luftmaschen und stechen in die zweite Masche ein)
- Häkeln Sie 6 Feste Maschen im Ring
- Nun verdoppeln Sie jede Masche, so dass sich jetzt 12 Maschen im Ring befinden
- 3 Reihen Feste Maschen
- Abketten, füllen und an den Körper nähen

Ohren (2 x)

- Häkeln Sie 20 Luftmaschen
- Häkeln Sie 5 Runden Feste Maschen um die Luftmaschen herum
- Abketten
- Mit dem Stoff besticken und am Kopf annähen

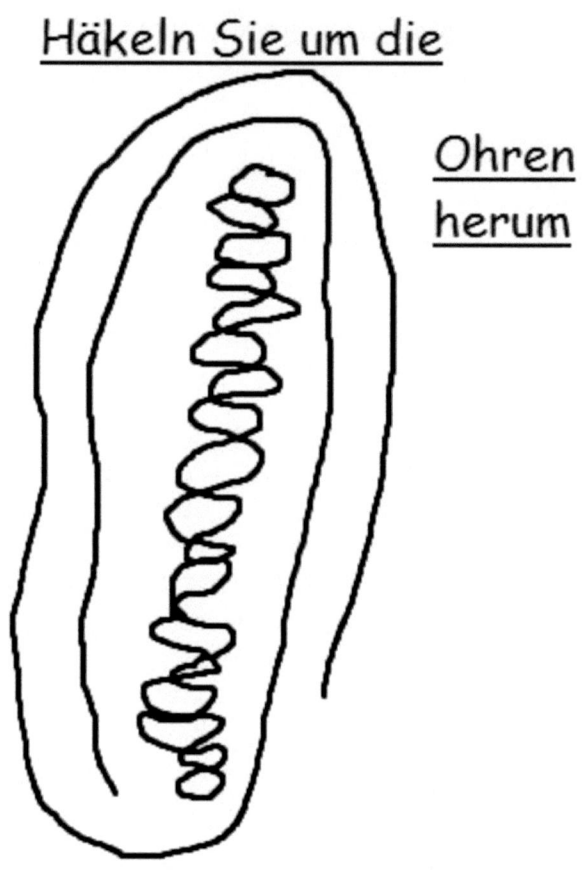

Häkeln Sie um die

Ohren herum

Rüssel

Nun zum Megarüssel

- Bilden Sie einen Fadenring (oder häkeln Sie zwei Luftmaschen und stechen in die zweite Masche ein)
- Häkeln Sie 6 Feste Maschen im Ring
- Nun verdoppeln Sie jede Masche, so dass sich jetzt 12 Maschen im Ring befinden
- Das Häkelstück wenden damit eine Kante entsteht
- 50 Reihen Feste Maschen
- Jede 2. und 3. Masche zusammenhäkeln
- 4 Reihen Feste Maschen
- Den Rüssel abketten und füllen.
- An den Körper nähen

Schwanz

- 10 Luftmaschen
- Abketten und an den Körper nähen

Alles zusammennähen.

Kleine Freunde

Folgende Materialien werden benötigt:

- Wolle, am Besten Baumwolle
- Häkelnadel in der passenden Stärke, ich bevorzuge Garn und Häkelnadel in der Stärke 2
- Füllwatte
- Nähgarn
- Nähnadel
- Knöpfe oder Augen
- Schere

Anleitung:

Körper:

Jeder Stichpunkt beinhaltet eine neue Runde.

- Bilden Sie einen Fadenring (oder häkeln Sie zwei Luftmaschen und stechen in die zweite Masche ein)
- Häkeln Sie 6 Feste Maschen im Ring
- Nun verdoppeln Sie jede Masche, so dass sich jetzt 12 Maschen im Ring befinden
- Jetzt müssen Sie jede 2. Masche verdoppeln. Es befinden sich jetzt 18 Maschen im Ring.
- Nun jede 3. Masche verdoppeln. Es sind nun 24 Maschen.
- Nun häkeln Sie sieben Reihen Feste Maschen, es bleiben immer 24 Maschen.
- Jetzt jede 2. und 3. Masche zusammennähen. Es sind nun 18 Maschen.
- Nun den Körper sehr stramm mit Füllwatte füllen. Den Faden durch die Masche ziehen und abschneiden. Er sollte aber etwas länger gelassen werden, damit man mit ihm den Körper zunähen kann, was auch jetzt geschehen sollte.

Jetzt häkeln wir den Kopf

Jeder Stichpunkt beinhaltet eine neue Runde.

- Bilden Sie einen Fadenring (oder häkeln Sie zwei Luftmaschen und stechen in die zweite Masche ein)

- Häkeln Sie 6 Feste Maschen im Ring
- Nun verdoppeln Sie jede Masche, so dass sich jetzt 12 Maschen im Ring befinden
- Jetzt müssen Sie jede 2. Masche verdoppeln. Es befinden sich jetzt 18 Maschen im Ring.
- Bitte verdoppeln Sie jede 3. Masche. Sie haben nun 24 Maschen.
- Jetzt jede 4. Masche verdoppeln. Es sind nun 30 Maschen vorhanden.
- Nun häkeln Sie 4 Reihen Feste Maschen. Es bleiben immer 30 Maschen.
- Jetzt häkeln Sie jede 3. und 4. Masche zusammen. Es sind nun noch 24 Maschen vorhanden.
- Nun häkeln Sie jede 2. und 3. Masche zusammen. Sie haben nun 18 Maschen.
- Nun jede 2. Masche zusammenhäkeln. Sie haben nun noch 12 Maschen. Der Kopf kann mit Füllwatte ausgefüllt werden.
- Nun jede 2. Masche zusammennähen und den Kopf schließen.

Schnauze

- Bilden Sie einen Fadenring (oder häkeln Sie zwei Luftmaschen und stechen in die zweite Masche ein)
- Häkeln Sie 6 Feste Maschen im Ring
- Nun verdoppeln Sie jede Masche, so dass sich jetzt 12 Maschen im Ring befinden
- Nun jede 2. Masche verdoppeln. Sie haben nun 18 Maschen.

10

- Nun jede 3. Masche verdoppeln. Sie haben nun 24 Maschen. Abketten und an den Kopf nähen. Mund und Nase aufsticken. Augen ans Gesicht nähen.

Ohren (2x)

- Bilden Sie einen Fadenring (oder häkeln Sie zwei Luftmaschen und stechen in die zweite Masche ein)
- Häkeln Sie 6 Feste Maschen im Ring
- Nun verdoppeln Sie jede Masche, so dass sich jetzt 12 Maschen im Ring befinden
- Jetzt müssen Sie jede 2. Masche verdoppeln. Es befinden sich jetzt 18 Maschen im Ring.
- Häkeln Sie 3 Reihen Feste Maschen.
- Abketten und an den Kopf nähen.

Arme (2x)

- Bilden Sie einen Fadenring (oder häkeln Sie zwei Luftmaschen und stechen in die zweite Masche ein)
- Häkeln Sie 6 Feste Maschen im Ring
- Nun verdoppeln Sie jede Masche, so dass sich jetzt 12 Maschen im Ring befinden
- Häkeln Sie 8 Reihen Feste Maschen
- Abketten und füllen.

Beine (2 x)

- Bilden Sie einen Fadenring (oder häkeln Sie zwei Luftmaschen und stechen in die zweite Masche ein)
- Häkeln Sie 6 Feste Maschen im Ring
- Nun verdoppeln Sie jede Masche, so dass sich jetzt 12 Maschen im Ring befinden
- Jetzt müssen Sie jede 2. Masche verdoppeln. Es befinden sich jetzt 18 Maschen im Ring.
- Häkeln Sie 1 Reihe Feste Maschen.
- Jede 1. und 2. Masche zusammenhäkeln. Es sind nun 12 Maschen.
- Häkeln Sie 10 Reihen Feste Maschen.
- Abketten und Füllen.

Nähen Sie alle Teile zusammen.

Jetzt kommt das Herz an die Reihe.

Zuerst häkeln Sie 2 Häubchen.

- Bilden Sie einen Fadenring (oder häkeln Sie zwei Luftmaschen und stechen in die zweite Masche ein)
- Häkeln Sie 6 Feste Maschen im Ring
- Nun verdoppeln Sie jede Masche, so dass sich jetzt 12 Maschen im Ring befinden
- 1 Reihe Feste Maschen
- abketten
- Nun wird ein weiteres Häubchen wie oben genannt gehäkelt.
- Es werden jetzt beide Häubchen zusammen gehäkelt.

Beide Häubchen zusammenhäkeln

- Die Häubchen werden einmal komplett umhäkelt.
- Nun werden 4 Reihen Feste Maschen gehäkelt.
- Nun wird jede 7. und 8. Masche zusammengehäkelt. Wir haben nun 21 Maschen.
- Jetzt jede 6. und 7. Masche zusammenhäkeln. (18)

- Nun jede 5. und 6. Masche. (15)
- Jede 4. und 5. Masche (12)
- Das Herz kann jetzt mit Füllwatte gefüllt werden.
- Jede 3. und 4. Masche zusammennehmen (9).
- Jede 2. und 3. Masche zusammennehmen (6).
- Jetzt jede 1. und 2. Masche zusammen, abketten und vernähen.

Alle Teile zusammennähen.

Lilly, das kleine Nilpferd

Wer noch nicht so gut häkeln kann, findet am Ende der Beschreibung einen kleinen Lehrgang.

Folgende Materialien werden benötigt:

- Wolle, am Besten Baumwolle
- Der kleine Elefant wurde mit Catania von Schachenmayr gehäkelt

- Häkelnadel in der passenden Stärke, ich habe Stärke 2,5 genommen
- Füllwatte
- Nähgarn
- Nähnadel
- Knöpfe oder Tieraugen
- Schere

Fangen wir mit dem Kopf an

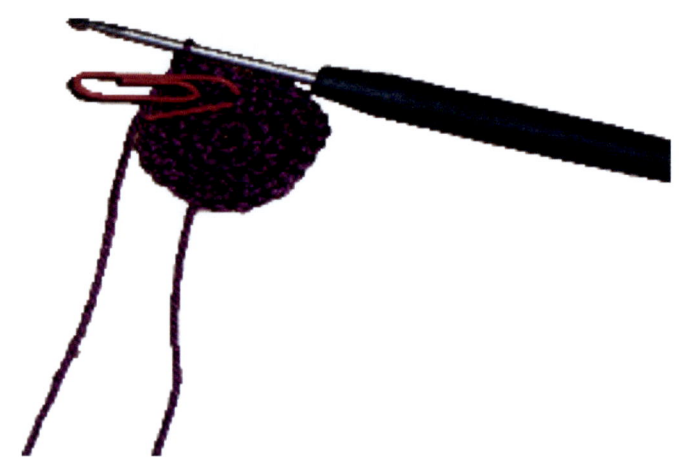

Jeder Stichpunkt beinhaltet eine neue Runde. Es wird in Festen Maschen gehäkelt.

- Bilden Sie einen Fadenring (oder häkeln Sie zwei Luftmaschen und stechen in die zweite Masche ein).
- Häkeln Sie 6 Feste Maschen im Ring.
- Nun verdoppeln Sie jede Masche, so dass sich jetzt 12 Maschen im Ring befinden.

- Jetzt müssen Sie jede 2. Masche verdoppeln. Es befinden sich jetzt 18 Maschen im Ring.
- Bitte verdoppeln Sie jede 3. Masche. Sie haben nun 24 Maschen.
- Jetzt jede 4. Masche verdoppeln. Es sind nun 30 Maschen vorhanden.
- Verdoppeln Sie bitte jede 5. Masche. Sie haben nun 36 Maschen.
- Nun häkeln Sie 6 Reihen Feste Maschen in Runden. Ich markiere den Anfang der Runde immer mit einer Büroklammer.
- Jede 4. und 5. Masche zusammenhäkeln. Es sind nun noch 30 Maschen vorhanden.
- Jetzt häkeln wir jede 3. und 4. Masche zusammen. Wir haben dann 24 Maschen.
- 3 Reihen Feste Maschen
- .Jede 2. und 3. Masche wird zusammengehäkelt. Jetzt sind es noch 18 Maschen.
- Den Kopf nun schon mal mit Watte ausfüllen.
- Jede 1. und 2. Masche zusammenhäkeln. Wir haben 12 Maschen.
- Nun jede Masche zusammenhäkeln. Wir haben nun 6 Maschen.
- Abketten und zunähen. Den Faden lang lassen zum Vernähen.
- Die Augen befestigen.

Nun kommen die Ohren an die Reihe (2 x häkeln)

Jeder Stichpunkt beinhaltet eine neue Runde. Es wird in Festen Maschen gehäkelt.

- Bilden Sie einen Fadenring (oder häkeln Sie zwei Luftmaschen und stechen in die zweite Masche ein).
- Häkeln Sie 6 Feste Maschen im Ring.
- Nun verdoppeln Sie jede Masche, so dass sich jetzt 12 Maschen im Ring befinden.
- Abketten und den Faden lang lassen zum Vernähen.

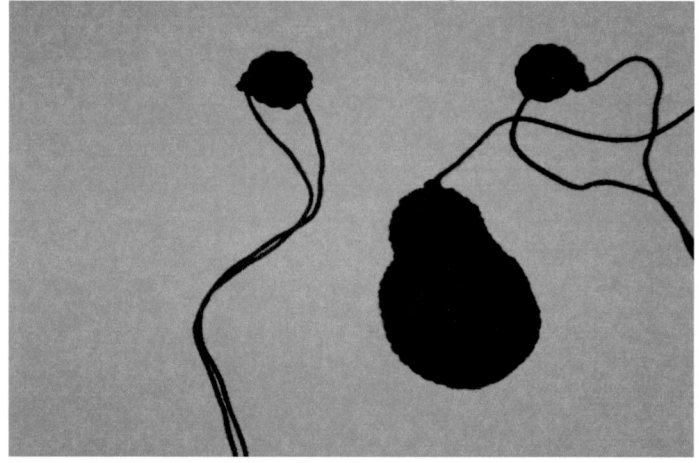

Alles zusammennähen. Ohren befestigen und Lilly ein Gesicht geben.

Nun häkeln wir den Körper

Jeder Stichpunkt beinhaltet eine neue Runde. Es wird in Festen Maschen gehäkelt.

- Bilden Sie einen Fadenring (oder häkeln Sie zwei Luftmaschen und stechen in die zweite Masche ein).
- Häkeln Sie 6 Feste Maschen im Ring.
- Nun verdoppeln Sie jede Masche, so dass sich jetzt 12 Maschen im Ring befinden.
- Jetzt müssen Sie jede 2. Masche verdoppeln. Es befinden sich jetzt 18 Maschen im Ring.
- Bitte verdoppeln Sie jede 3. Masche. Sie haben nun 24 Maschen.
- Jetzt jede 4. Masche verdoppeln. Es sind nun 30 Maschen vorhanden.
- Verdoppeln Sie bitte jede 5. Masche. Sie haben nun 36 Maschen.
- Nun häkeln Sie 12 Reihen Feste Maschen in Runden. Ich markiere den Anfang der Runde immer mit einer Büroklammer.
- Jede 4. und 5. Masche zusammenhäkeln. Es sind nun noch 30 Maschen vorhanden.
- Jetzt häkeln wir jede 3. und 4. Masche zusammen. Wir haben dann 24 Maschen.
- .Jede 2. und 3. Masche wird zusammengehäkelt. Jetzt sind es noch 18 Maschen.
- Den Körper nun schon mal mit Watte ausfüllen.

- Jede 1. und 2. Masche zusammenhäkeln. Wir haben 12 Maschen.
- Nun jede Masche zusammenhäkeln. Wir haben nun 6 Maschen.
- Abketten und zunähen. Den Faden lang lassen zum Vernähen.

Die kleine Lilly braucht noch Beine (4 x)

Jeder Stichpunkt beinhaltet eine neue Runde. Es wird in Festen Maschen gehäkelt.

- Bilden Sie einen Fadenring (oder häkeln Sie zwei Luftmaschen und stechen in die zweite Masche ein).
- Häkeln Sie 6 Feste Maschen im Ring.
- Nun verdoppeln Sie jede Masche, so dass sich jetzt 12 Maschen im Ring befinden.
- Nun einfach 2 Reihen Feste Maschen in Runden häkeln.
- Abketten und den Faden lang lassen.
- Ausstopfen und unterm Bauch annähen.
- Das Ganze insgesamt vier Mal.

Alles stopfen und
zusammennähen.

Chihuahua Welpe

Folgende Materialien werden benötigt:

- Wolle, am Besten Baumwolle
- Häkelnadel in der passenden Stärke, ich bevorzuge Garn und Häkelnadel in der Stärke 2
- Füllwatte
- Nähgarn
- Nähnadel
- Knöpfe oder Kuscheltieraugen
- Schere

Wir fangen mit dem Kopf an.

Jeder Stichpunkt beinhaltet eine neue Runde.

- Bilden Sie einen Fadenring (oder häkeln Sie zwei Luftmaschen und stechen in die zweite Masche ein)
- Häkeln Sie 6 Feste Maschen im Ring
- Nun verdoppeln Sie jede Masche, so dass sich jetzt 12 Maschen im Ring befinden
- Jetzt müssen Sie jede 2. Masche verdoppeln. Es befinden sich jetzt 18 Maschen im Ring
- Verdoppeln Sie bitte jede 3. Masche. Sie haben nun 24 Maschen,
- Verdoppeln Sie nun jede 4. Masche (30)
- 2 Reihen Feste Maschen
- Häkeln Sie jede 3. und 4. Masche zusammen (24)
- Nun jede 2. und 3. Masche zusammenhäkeln (18)
- Jede 1. und 2. Masche zusammen (12)
- Den Kopf schon mal ausstopfen
- Jede Masche zusammen häkeln (6)
- Den Kopf abketten

Nun häkeln wir den Körper:

Jeder Stichpunkt beinhaltet eine neue Runde.

- Bilden Sie einen Fadenring (oder häkeln Sie zwei Luftmaschen und stechen in die zweite Masche ein)
- Häkeln Sie 6 Feste Maschen im Ring
- Nun verdoppeln Sie jede Masche, so dass sich jetzt 12 Maschen im Ring befinden
- Jetzt müssen Sie jede 2. Masche verdoppeln. Es befinden sich jetzt 18 Maschen im Ring

- Verdoppeln Sie bitte jede 3. Masche. Sie haben nun 24 Maschen,
- Häkeln Sie 5 Reihen Feste Maschen
- Nun jede 2. und 3. Masche zusammenhäkeln (18)
- Jede 1. und 2. Masche zusammen (12)
- Den Körper schon mal ausstopfen
- Jede Masche zusammen häkeln (6)
- Den Körper abketten

Kommen wir zu den Beinen (4 x)

- Bilden Sie einen Fadenring (oder häkeln Sie zwei Luftmaschen und stechen in die zweite Masche ein)
- Häkeln Sie 6 Feste Maschen im Ring
- Nun verdoppeln Sie jede Masche, so dass sich jetzt 12 Maschen im Ring befinden
- Häkeln Sie 4 Reihen Feste Maschen
- Abketten und Stopfen.

Nun der Schwanz

- Bilden Sie einen Fadenring (oder häkeln Sie zwei Luftmaschen und stechen in die zweite Masche ein)
- Häkeln Sie 6 Feste Maschen im Ring
- Häkeln Sie 6 Reihen Feste Maschen
- Abketten und ausstopfen

Kommen wir zur Schnauze

- Häkeln Sie 5 Luftmaschen
- Häkeln Sie rundherum 5 Feste Maschen, 1 Luftmasche, 5 Feste Maschen, 1 Luftmasche
- Häkeln Sie rundherum 6 Feste Maschen, 1 Luftmasche, 6 Feste Maschen, 1 Luftmasche
- Häkeln Sie rundherum 7 Feste Maschen, 1 Luftmasche, 7 Feste Maschen, 1 Luftmasche
- Häkeln Sie rundherum 8 Feste Maschen, 1 Luftmasche, 8 Feste Maschen, 1 Luftmasche, beenden Sie mit einer Kettmasche. Nähen Sie die Schnauze an den Kopf. Befestigen Sie die Nase (zum Beispiel in Form einer Perle oder eine Knopfes) und die Tieraugen.

Häkeln Sie um die Luftmaschen herum

Jetzt kommen die Ohren an die Reihe (2 x)
- Zunächst in rosa Farbe 5 Luftmaschen häkeln
- Wenden und 5 Feste Maschen
- Nun 3 Feste Maschen
- Nun nur eine

\-   Faden durchziehen und entfernen.

\-

Nun seitlich um das Ohr in weißer Farbe 6 Feste
Maschen, 1 Feste Masche in der Spitze, 6 Feste Maschen.
Abketten. Die Ohren am Körper annähen.

Chihuahua Ohren

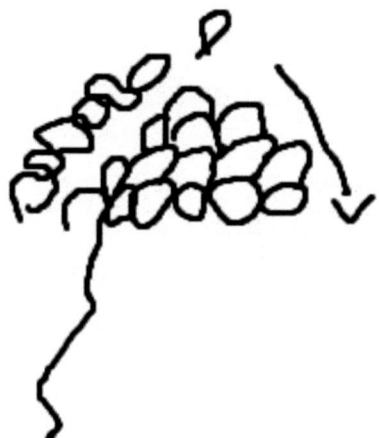

Nun alle Teile zusammennähen. Das Tierchen ist fertig.

Der kleine Elefant Ingo

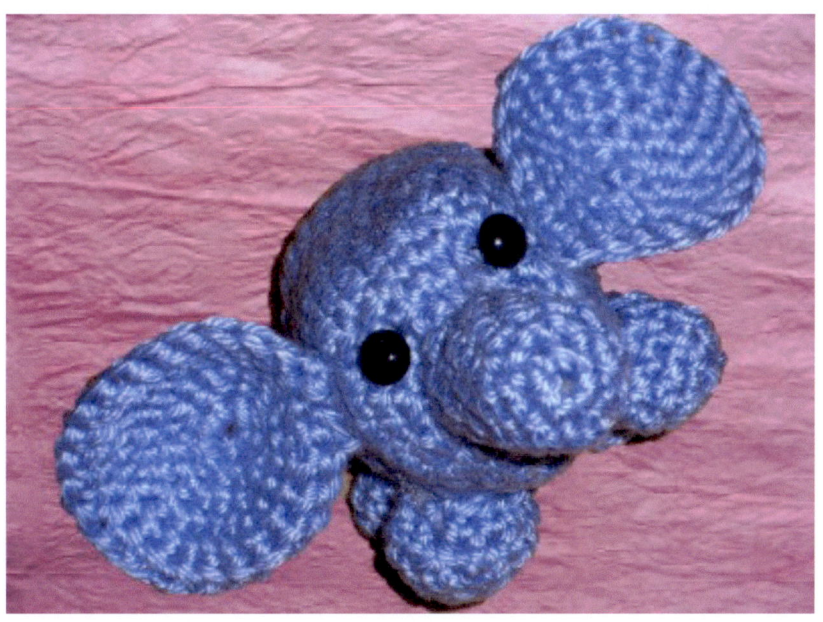

Folgende Materialien werden benötigt:

-   Wolle, am Besten Baumwolle

- Der kleine Elefant wurde mit Catania von Schachenmayr gehäkelt
- Häkelnadel in der passenden Stärke, ich habe Stärke 2,5 genommen
- Füllwatte
- Nähgarn
- Nähnadel
- Knöpfe oder Tieraugen
- Schere

Wir beginnen mit dem Körper

Jeder Stichpunkt beinhaltet eine neue Runde. Es wird in Festen Maschen gehäkelt.

- Bilden Sie einen Fadenring (oder häkeln Sie zwei Luftmaschen und stechen in die zweite Masche ein).
- Häkeln Sie 6 Feste Maschen im Ring.
- Nun verdoppeln Sie jede Masche, so dass sich jetzt 12 Maschen im Ring befinden.
- Jetzt müssen Sie jede 2. Masche verdoppeln. Es befinden sich jetzt 18 Maschen im Ring.
- Bitte verdoppeln Sie jede 3. Masche. Sie haben nun 24 Maschen.
- Jetzt jede 4. Masche verdoppeln. Es sind nun 30 Maschen vorhanden.
- Verdoppeln Sie bitte jede 5. Masche. Sie haben nun 36 Maschen.
- Nun häkeln Sie 13 Reihen Feste Maschen in Runden. Ich markiere den Anfang der Runde immer mit einer Büroklammer.
- Jede 4. und 5. Masche zusammenhäkeln. Es sind nun noch 30 Maschen vorhanden.
- Jetzt häkeln wir jede 3. und 4. Masche zusammen. Wir haben dann 24 Maschen.
- .Jede 2. und 3. Masche wird zusammengehäkelt. Jetzt sind es noch 18 Maschen.
- Den Körper nun schon mal mit Watte ausfüllen.
- Jede 1. und 2. Masche zusammenhäkeln. Wir haben 12 Maschen.
- Nun jede Masche zusammenhäkeln. Wir haben nun 6 Maschen.

- Abketten und zunähen. Den Faden lang lassen zum Vernähen.
- Die Augen befestigen.

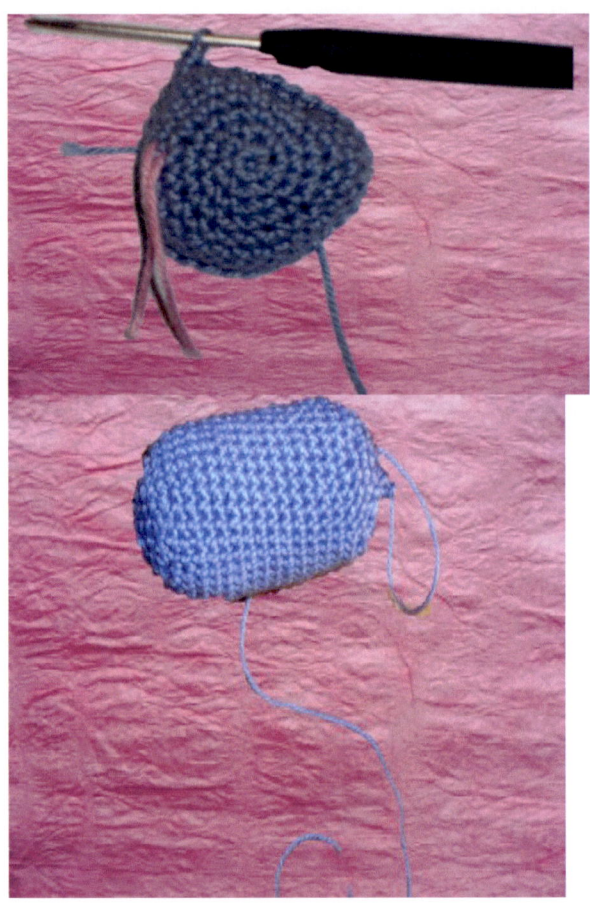

Nun häkeln wir zwei mal die Ohren

Jeder Stichpunkt beinhaltet eine neue Runde. Es wird in Festen Maschen gehäkelt.

- Bilden Sie einen Fadenring (oder häkeln Sie zwei Luftmaschen und stechen in die zweite Masche ein).
- Häkeln Sie 6 Feste Maschen im Ring.
- Nun verdoppeln Sie jede Masche, so dass sich jetzt 12 Maschen im Ring befinden.
- Jetzt müssen Sie jede 2. Masche verdoppeln. Es befinden sich jetzt 18 Maschen im Ring.
- Bitte verdoppeln Sie jede 3. Masche. Sie haben nun 24 Maschen.
- Nun zwei Runden lang feste Maschen häkeln.
- Abketten und den Faden lang zum Vernähen lassen. Am Kopfteil befestigen.

Ein Elefant braucht auch eine lange Nase

Jeder Stichpunkt beinhaltet eine neue Runde. Es wird in Festen Maschen gehäkelt.

- Bilden Sie einen Fadenring (oder häkeln Sie zwei Luftmaschen und stechen in die zweite Masche ein).
- Häkeln Sie 6 Feste Maschen im Ring.
- Nun verdoppeln Sie jede Masche, so dass sich jetzt 12 Maschen im Ring befinden.
- Nun einfach 7 Reihen Feste Maschen in Runden häkeln.

- Abketten und den Faden lang lassen.
- Die Nase ausstopfen und annähen.

Ingo möchte auch laufen. Also braucht er vier Beine!

Jeder Stichpunkt beinhaltet eine neue Runde. Es wird in Festen Maschen gehäkelt.

- Bilden Sie einen Fadenring (oder häkeln Sie zwei Luftmaschen und stechen in die zweite Masche ein).
- Häkeln Sie 6 Feste Maschen im Ring.
- Nun verdoppeln Sie jede Masche, so dass sich jetzt 12 Maschen im Ring befinden.
- Nun einfach 2 Reihen Feste Maschen in Runden häkeln.
- Abketten und den Faden lang lassen.
- Ausstopfen und unterm Bauch annähen.
- Das Ganze insgesamt vier Mal.

Nun kann Ingo zum Leben erweckt werden!

Schwanz

8 Luftmaschen häkeln und an den Po des Elefanten
häkeln.

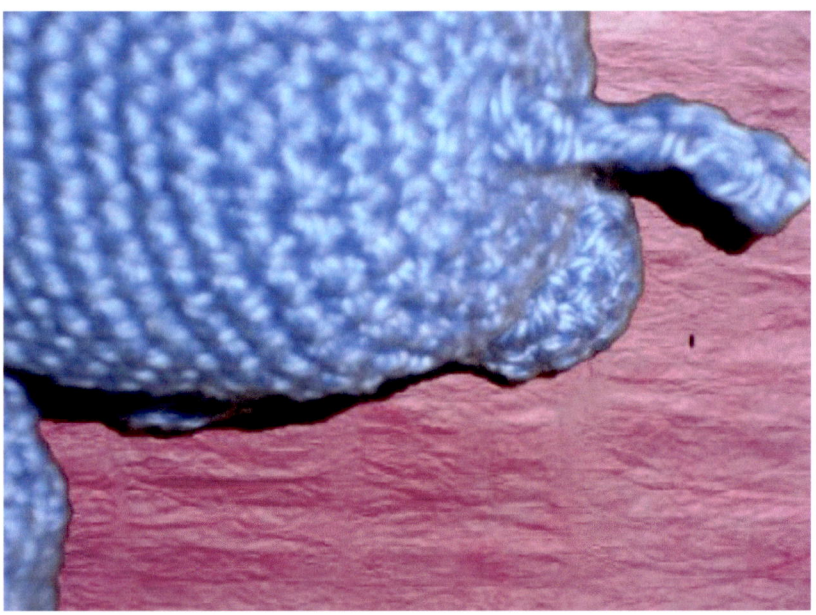

Kleiner Lehrgang

<u>*Anfangsschlinge*</u>

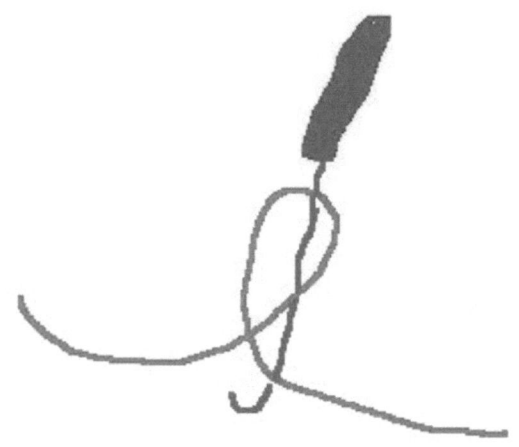

Legen Sie eine Schlinge und holen Sie mit der
Häkelnadel den Faden hindurch.

Ziehen Sie den Faden an.

Diesen Schritt mehrmals wiederholen, dann haben
Sie eine Luftmaschenkette.

Stechen Sie in die Masche ein und holen den Faden hindurch. Nun haben Sie zwei Schlingen auf der Nadel. Holen Sie den Faden nochmals und ziehen ihn hindurch.

In Runden häkeln:

Schlagen Sie zwei Luftmaschen an.

Stechen Sie in die zweite Luftmasche ein und bilden entsprechende Maschen.

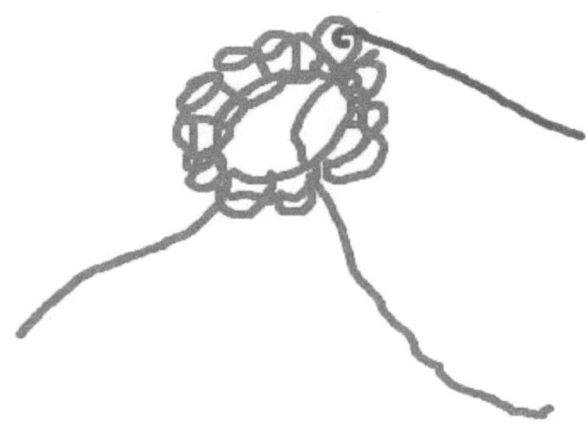

Ich wünsche Ihnen viel Spaß und Freude.

Nachtrag zum Impressum / Copyright

Fotolia com

- Alexander
- Igor Tarasov
- Tzidophoto
- Oleg Pivavarov
- Photos 777
- Schmaelterphoto
- Stylephoto 24

Herstellung und Verlag:
BoD-Books on Demand, Norderstedt
ISBN: 978-3-7386-0551-8